LE RESPECT

DES LOIS

PARIS

DAUVIN, LIBRAIRE-ÉDITEUR

18, PASSAGE DU HAVRE , 18

—

1880

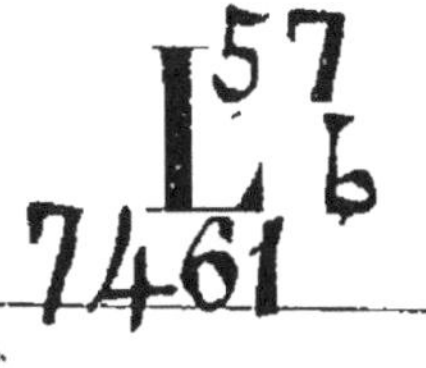

LE RESPECT DES LOIS

PARIS

IMPRIMERIE BALITOUT, QUESTROY ET Ce.
7, rue Baillif, 7

LE RESPECT

DES LOIS

PARIS

DAUVIN, LIBRAIRE-ÉDITEUR

PASSAGE DU HAVRE

1880

LE RESPECT DES LOIS

La France n'est sans doute pas en monarchie : mais elle n'est pas encore en république, la France est en voie de formation républicaine, tel est son véritable état.

La nation est souveraine, personne ne le conteste.

Mais pour que cette souveraineté produise ses effets et qu'elle puisse opérer la transformation que désire le pays, éviter les périls, il est urgent que le souverain ait une idée très claire et très nette de ses droits.

L'assemblée de ses représentants peut-elle faire tout ce que ferait la nation elle-même ?

Non, car alors c'est elle qui serait souveraine.

Cette question est de la plus haute importance, il faut qu'elle soit nettement résolue.

Il y a des actes que la nation elle-même n'a pas le droit de faire.

Quels sont ces actes ?

Ceux qui sont contraires à la justice et à la raison.

Elle n'a pas le droit, par exemple, de mettre à mort un innocent, quand même il serait démontré que cette mort lui est utile, l'acte ne devenant pas licite parce qu'au lieu d'être commis par un individu, il l'est par un ou plusieurs millions.

Ce n'est pas la multiplication, c'est la nature de l'acte qui le rend licite ou non.

Une nation ne peut pas plus aliéner sa liberté qu'un seul individu, parce qu'un tel acte est contraire à la raison.

Il y a des actes incompatibles avec telle ou telle qualité des personnes. Ainsi le fermier, l'usager, l'usufruitier, le mandataire, ne peuvent faire *actes de propriétaire*.

Les représentants de la nation ne sont que ses *mandataires*, et, comme tels, ils ne peuvent faire *acte de maître*.

Il y a des actes qu'ils ne peuvent pas faire.

Ainsi, ils n'ont pas à statuer :

Sur la liberté de la presse ;

Sur le droit de réunion ;

Sur le droit de pétition ;

Sur la liberté de conscience.

Pourquoi ?

Parce que ces droits constituent un domaine sacré : *la souveraineté nationale.*

On ne saurait trop le redire : les détenteurs de la puissance publique n'ont pas à délibérer sur de pareils droits, qui sont le *Dominium* de la nation.

C'est pour n'avoir pas délimité ce domaine, y avoir porté atteinte, que l'Assemblée nationale a mécontenté le pays. Et de cette grande faute sont nés le fatal coup d'Etat du 2 décembre et le second Empire !

La nation est au-dessus de tous les corps délibérants, quelqu'imposants qu'ils puissent être. Ils n'ont pas à s'occuper de faire des lois sur des libertés qui ne peuvent être mises en question.

Le Congrès lui-même n'en aurait pas davantage le droit.

L'existence de la République repose sur ce principe.

Mais, dit-on, il y a des lois, et tant qu'elles existent il faut les respecter.

Oui, mais il y a lois et lois! Il y a les lois de droit commun, que, sous tous les régimes, le pays à intérêt à respecter, et puis les lois politiques, faisant partie intégrante d'un gouvernement, qu'elles ont pour but de conserver : les lois d'Empire, qui ont enchaîné la France.

En un mot, *les lois dans l'intérêt du pays et les lois dans l'intérêt du règne.*

Ce sont des lois d'une nature et d'un caractère bien différents !

Il ne faut pas confondre ces lois ! il importe de bien les distinguer.

Les unes durent, en effet, tant qu'elles ne sont pas abrogées ; les autres, *vinculum juris*, vivent tant que le gouvernement est le plus fort.

Ce sont ces lois-là qui ont disparu avec l'Empire, condamné par la nation.

Elles ont cessé d'exister parce qu'elles étaient surtout l'Empire, son œuvre malfaisante.

S'il en était autrement, la représentation nationale n'aurait pas le droit de siéger.

Il est clair que la France a déchiré ces lois en opposition avec sa souveraineté.

Sinon, les représentants du pays auraient manqué au premier devoir, lequel leur commandait d'abolir sur-le-champ les lois liberticides les plus odieuses qui aient été édictées contre une nation. Ils ne seraient pas la représentation nationale !

Si les fatales lois qui ont pesé sur la France existent, la volonté de l'empereur défunt est toujours souveraine! L'empereur domine la République et la nation, même après Sedan et la perte de l'Alsace et de la Lorraine. Et l'Assemblée républicaine est une Assemblée usurpatrice qui doit se retirer devant celle qui existait lors de la guerre de 1870, et avec elle le gouvernement de la République tout entier.

Soyez logiques : ou ces lois sont mortes, ou vous n'existez pas légalement !

Le fait qui vous a donné naissance est précisément le fait qui a renversé ces lois. C'est de leur renversement que vous êtes issus.

C'est la base du nouvel ordre de choses.

Il y a dix ans que la France a renversé l'Empire, dix ans que l'Assemblée constituante a condamné l'Empire dans une séance à jamais mémorable, et on ose dire que les lois de l'Empire sont encore en vigueur ! La volonté de la France ne compte pas ! celle de ses représentants ne suffit pas !

C'est ce chiffon de papier noirci par

l'Empire disparu qui est le maître, qui le sera jusqu'à la fin des siècles, si les représentants n'effacent pas ces lois !

Voilà une singulière doctrine, et d'étranges législateurs !

Alors pourquoi ne l'avez-vous pas fait, messieurs ? Vous avez eu dix ans pour le faire.

Et il suffisait de dix minutes.

Nous verrons comment la France répondra à cette théorie aux grandes élections.

Probablement ceci : que le premier respect, dans une république, est le respect de la nation.

La nation ne tient aucun droit de la Chambre de ses représentants, c'est elle

qui tient ses pouvoirs de la nation.
Nemo dat quod non habet.

On est étonné de voir, sous la République, une Chambre des représentants s'occuper, ni plus ni moins qu'une Chambre monarchiste, de questions qui ne la concernent pas. C'est là un effet des anciennes habitudes. On comprend que, lorsque la souveraineté résidait dans un monarque, la Chambre s'efforçât de lui arracher le plus de droits qu'elle pouvait en faveur du pays. Mais aujourd'hui tout cela est changé.

Droit de faire la paix et la guerre,

Liberté de la presse,

Droit de réuniou,

Droit de pétition,

Liberté de conscience

sont acquis à la France et forment *la couronne républicaine* que la nation a posée sur son front à une heure formidable de son histoire.

Oui, le respect religieux des lois, sans lequel il n'y a pas de société. A une condition toutefois, c'est que ces lois auront respecté le pays, qu'elles ne lui auront pas insulté, qu'elles n'auront pas servi à détruire sa grandeur, sa prospérité et sa gloire.

Paris. — Imp. Balitout, Questroy et Cᵉ, 7, rue Baillif.

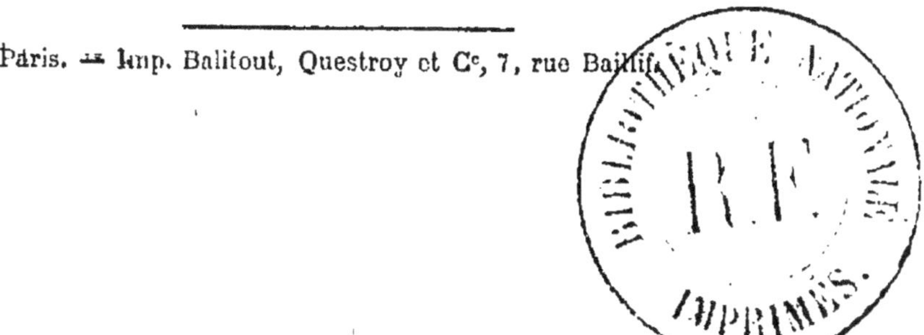

PARIS

IMPRIMERIE BALITOUT, QUESTROY ET Cᵉ
7, rue Baillif, 7